Das Buch

ANION

Mein Dank geht an Peter Windsheimer für das Design des Titelbildes. Des Weiteren an Ariane, Arianus und Michael Sauter.

Für Schäden, die durch falsches Herangehen an die Übungen an Körper, Seele und Geist entstehen könnten, übernehmen Verlag und Autor keine Haftung.

Copyright © 2016 by Christof Uiberreiter Verlag
Waltrop Germany

Herstellung und Verlag:
BoD – Books on Demand, Norderstedt.
ISBN: 9783741276422

Alle Rechte, auch die fotomechanische Wiedergabe (einschließlich Fotokopie oder der Speicherung auf elektronischen Systemen, vorbehalten
All rights reserved

Vorwort:

„Hier, nimm es, kopiere es dir. Aber beschütz es mit deinem Leben, denn es ist mehr wert als Gold und alle Edelsteine", sagte 1998 Anion ein halbes Jahr vor seinem Tod. Wachsam wie ein Hund schlich ich mich zum Einkaufzentrum in der Innenstadt von Castrop, wo jetzt Kaufland ist, ging zum Fotoladen, wo ein Kopierer stand. Immer mich umblickend, kopierte ich diese äußerst wertvolle Schrift.
Eine Original-Seite habe ich mir erlaubt, direkt nach dem Vorwort zu veröffentlichen, damit man sieht, dass Anion dieses Werk tatsächlich geschrieben hat.
Man kann diese Schrift als hermetisches Tagebuch von Anion bezeichnen, wo er seine geheimsten Gedanken und Gefühle niederlegte, aber immer im Einklang mit dem Kosmos. Mit einem Kosmos, den er mittig aus universeller Sicht beschrieb, damit der Schüler der Hermetik sieht, was Magie und Mystik wirklich ist. Man erkennt in dieser kleinen Schrift den wahren Gehalt der 15. Tarotkarte, die die Welt der Irrungen, des Wahns und der Materie darstellt, welche ein großer Bestandteil der göttlichen Schöpfung ist und die eigentliche Entwicklung bedingt!
Aber, ich will nicht zu viel verraten. Möge der Leser selbst reichlich Erkenntnis und Sinnvolles für seine Entwicklung daraus schöpfen.

Das Buch Anion!

Wollte ich diese Worte als Bild malen, so bräuchte ich Farben, die es nicht gibt, es wäre abstrakt, wie ohne Zusammenhänge. Aber dennoch, die Abgründe und Höhen ließe jeden erstummen bei näherer Betrachtung! So wird dieses Buch sein. Es zieht an, es stößt ab. Meine Behauptung ist, daß man in der größten Lüge durch Umdrehung die Größte Wahrheit findet. Aber auch das Gegenteil ist möglich. Es kommt immer nur auf den Standpunkt an. So lehrt es das Tetragramaton der materiellen Ebene. Es ist Blendung und dennoch ein Spiegel zur Wahrheit.
Es ist so, weil wir hier unten in der „Hölle" sind, wo anscheinend, wie kann es anders sein, der Größte Anstand pervers verhöhnt wird. Perversität in jeder Form wird mit Beifall belohnt. Die Abgründe werden zur Höhen. Zeigt einer Größe, wird er gekreuzigt. Die Wahrheit dieser Welt, ist die Lüge!
Dies ist meine erste Behauptung.

Eine Seite aus dem Originalmanuskript

Arion   Ariane

Anion

Das Buch Anion!

1.

Wollte ich diese Worte als Bild malen, so bräuchte ich Farben, dies es nicht gibt, es wäre abstrakt, wie ohne Zusammenhänge. Aber dennoch, die Abgründe und Höhen ließen jeden bei näherer Betrachtung verstummen! So wird dieses Buch sein. Es zieht an, es stößt ab. Meine Behauptung ist, dass man in der größten Lüge durch Umdrehung die größte Wahrheit findet. Aber auch das Gegenteil ist möglich. Es kommt immer nur auf den Standpunkt an. So lehrt es das Tetragrammaton der materiellen Ebene. Es ist Blendung und dennoch ein Spiegel zur Wahrheit!

Es ist so, weil wir hier unten in der „Hölle" sind, wo anscheinend, wie kann es anderes sein, der größte Anstand pervers verhöhnt wird. Perversität in jeder Form wird mit Beifall belohnt. Die Abgründe werden zu Höhen. Zeigt einer Größe, wird er gekreuzigt. Die Wahrheit dieser Welt ist die Lüge. Dies ist meine erste Behauptung.

Die Lebenden warten auf den Tod, der Betende wird nicht erhört. Ein Sprichwort sagt: „Hilf dir selbst, dann hilft dir Gott!" Wieder ein Hohn, denn sind wir Gott?

So male ich nicht mit, weil so die Welt malt. Wenn ich in der Hölle bin, so huldige ich nicht den Herrscher, sondern bekämpfe ich ihn. Wenn's ihm nicht gefällt, so mag er mich hinauswerfen. Mit meinem Trotz schlage ich auf dein Gesicht, du Schlange, mich blendest du nicht mehr! Behalt du deins, mich drängt es, meins zu halten. Und fordere nicht, was dir nicht gehört. Ich werde wie du, wenn wir uns messen müssen. Dann ist kein Abgrund zu tief. Schwarz bin ich, aber hüte dich vor meinem Licht. Sehen darfst du es nicht, bis eine arge Überraschung dich trifft. So ist keine Angst in mir, wenn's dir auch gefallen würde. König bist du hier, Kaiser bin ich woanders. Dein Spiegel, der wird gedreht. Versuch es abzuwenden!

Ende

2.

Das wirklich größte Ereignis eines Menschen in seinem Leben ist der Tod. Er liegt schon in der Wiege. Der sogenannte „Weg des Lebens"! Das Ganze nennt man Natur! Spiegel, zeig was du zeigst, den Zwang zur Wahrheit zwing ich dich, lass dir nicht die Wahrheit verzerren. Die Welt ist Lüge, aber zur Wirklichkeit wirst du gezwungen. König der Welt, was ist deine Herrschaft! Salz ohne Geschmack! Alles verändert sich in deiner Welt, alles ist unwirklich, so ist deine Natur. Der Mensch wird gequält, weil deine Hand ihn zerdrückt! Du bist Gaukler, wirst gern für Gott gesehen, um sie zu enttäuschen. Aber man beginnt dich zu erkennen, dein Glanz fällt. Wenn es deine Hässlichkeit gibt, so existiert dein Gegensatz. Helles Licht, ohne Makel. Dir kann man trauen, aber dennoch, auch du gehörst zum Spiegel. Du bist so hoch, wie der andere tief ist. Man kann diese Maße nicht in Metern messen. Aber alles was Maß hat, ist beschränkt! Dir huldigen Große!

Ende

3.

Hell und Dunkel, Tag und Nacht, hast du eine Mitte? Es kann nur auf dem vorderen Spiegel Dämmerung sein. Mit sicherer Auffassung „Die Goldene Dämmerung". Aber leider nur die vordere Seite. Glück nebst allen guten Dingen, ändern den Menschen nicht, sie lassen ihn eher fallen. Welch ein Betrug auch hier! Er ist Marionette der Ereignisse. Oder hat jemand einen „glücklichen Menschen" nicht verwirrt gesehen? Spiegel, du wirst beseitigt, wenn auch die Bestürzung groß sein wird. Deine Scherben zerstören ganze Weltbilder, aber wer will den „Stein" in meiner Hand binden? Ich werfe, und Gut wie Böse zerfallen! Die Wahrheit war nie einfach, denn zunächst sehen wir nichts mehr. Alle Täuschung und Enttäuschung gibt es nicht mehr! Nichts – – Gutes, – – Nichts – – Böses! Nur ein Satz: – Ich bin –. Alles weg, alles zerstört. Kein Licht, kein Schatten.

Was ist das?

Es ist alles, was hinter der Blendung liegt, Gesetze, die noch kein Mensch kennt. Hier, wo es anscheinend keinen Gott gibt, gibt es auch keinen Menschen! Oder gibt es etwas Unbekanntes? Keine Tugend, keine Leidenschaft. Fort ist alles. Wenn vorher alles Blendung war, muss hier die Wahrheit liegen! Was will dich binden, was halten? Hier bist du frei. Ob du noch lebst? – Sicher, aber anders! Ohne Teufel, ohne Gott! Nur Feines hält dich, du weißt noch nicht, was dich hat. Du kannst es nicht kennen, es ist älter als Gott und Teufel, viel älter als du!

Feinster Geist, hier gibt es wahre Größe und Große!

Wenn sie handeln, erscheint auf dem Spiegel Licht, wenn sie nicht wollen, Schatten.

Wäre der Spiegel nicht?

Wo sind dann alle Weltbilder?

Betrug, wo Wahrheit drin ist, scheint mir ist das Schlimmste. Man verwechselt oft die Werte.

Nur dort, wo es keinen Wert gibt, kann man nichts verwechseln. Diese Welt steht hinter allen Welten. Du musst viel größer sein, um die Last von Tugend oder Wahn beiseite zu stellen. Was ist nun Gott? Mehr als je alle Gedanken, Gefühle zulassen. Größer als Maße, mehr als Licht und Schatten, jenseits von Gut und Böse, mehr als Gott und Teufel. Schau nur hinter den Spiegel, dich trifft eine ungeahnte Wucht. Wie soll ein Satz entstehen, ohne Worte? Ich kann es nicht beschreiben, jedes „Ding" lästert **ES**. Selbst die Betrachtung kann nur ohne Gedanken sein.

So kann man sehen, wie Du Farben und Töne tust, damit ist, was ist. Dein Kleid ist Glanz, so wie der Spiegel; seltsam deine Kleidung! Wenn du ein Kleid trägst, gibt es dich auch Außen! Aber beides ist gleich!

Von wo kommen diese Spiegelungen. Zerwarf ich Wahrheit?

Oh, nein, Spiegelbilder sind immer seitenverkehrt.

Ende

4.

Gibt es hier Gefühle, Dinge, Wille usw.? Nein, Dinge sind, die keine Worte haben! Würde ich auch nur eines neu benennen, käme Schutz daran.

Von da aus sprudelt etwas. Wird es dichter, scheint es Weib und Mann zu sein! Gerade in dieser Ebene, wo alles seine Form (Maße) verliert, wo Gegensätze enden. Doch dieses Weib und Mann sind nicht zerstörbar, weil alles aus dem Ur-Gesetz entsteht, welches nie endet. Entsteht ein neuer Spiegel? Immer werd ich dieses zerbrechliche Ding zerstören. Aber nein, was sehe ich? Das Ur-Gesetz lässt neue Ur-Gesetze entstehen!

Wandelt es sich? – „In keinster Weise". Die Schöpfung ist noch nicht vollbracht. Deswegen auch der Spiegel, wo Höchstes sich nur selbst betrachtet.

SCH-AA-MM schafft die Grundlagen der Schöpfung. Es setzt die erste Ursache in der Schöpfung, eine erste Wirkung wird folgen. So hoch ist Schicksal. Wir Menschen glauben immer, alles zu „durchschauen", aber keine normalen Menschen sind jemals fähig, gut zu sehen.

Dies ist die Vorsehung. Würde sie jedem Kind Gehör verschaffen, wie groß wäre das Elend. Jeder dächte an sich oder Verwandte usw. Zum Glück bleibt sie frei von allem, ja sie wird nicht einmal angetastet. Deswegen sind Gebete von „normalen Menschen" ohne Erfolg. Konkret ausgedrückt stellt sich die Vorsehung als nichts dar. Das ist so, weil wir kein Maß, keinen Raum in sie bekommen, weil sie frei ist von Wertvorstellungen. Ob nun aktiv oder passiv bleibt gleich!

Ende

5.

Wenn alles spiegelverkehrt ist, wie soll der Mensch dann richtig lernen? Er wird ja fortwährend ins Aus getrieben. Glücklich ist der, welcher seinen persönlichen Gott fand. Dieser wird auch den Spiegel zerstoßen, im rechten Moment.

Mein geliebter Mensch, du bist ein Stern, egal, wohin das Schicksal dich getrieben hat! In dir ist der, welcher hinter aller Täuschung ist, das macht dich groß!

Mein Vorhaben ist Ent–Täuschung herbei zu rufen. Wie sollte man die Möglichkeit zum – Wahren – ermöglichen? Nun würdet ihr mich als Böse sehen, aber es ist offensichtlich, dass dies wieder Blendwerk ist. Meine Behauptung ist, dass jeder, der die Wahrheit sagt, für diese Welt ein Lügner ist!

Ende

6.

Wohin strebt die wahre Schöpfung? Warum müssen Menschen so leiden? Großes steht dahinter! Kann ich wissen was kommt? Du „Ä", aus dir entsteht der Baphomet, um alles zu verdichten und Erstarrung zu vollziehen. Nun aber wird das „Ö" viel lauter, um die Materie zu verwandeln und uns auch! Die Menschheit wird verfeinert, vergeistigt. Jeder hat etwas aus der Materie mitgebracht, benennen will ich es als goldene Perle, die er selbst ist. Jeder Mensch ist jetzt schon ein Stern, als nächstes folgt ein Makrokosmos, deswegen besteht das Gesetz: „Das was oben ist, ist auch was unten ist".

Verstehst du nun dieses Gesetz?

Ende

7.

Ich stand bei der Behauptung, Alles ist Nichts, oder aber, Nichts ist Alles. Beim Letzteren setze ich an. Ist dort nicht eine kleine Bewegung? Jetzt brichts hervor, ein grelles weißes Licht, unendlich, alles durchstrahlend. Warum sah ich nichts? Es hat mich sehr stark geblendet! Nun sucht das eigene Licht die Verbindung und in der größten Demut ist sie gegeben. Das Unendliche spricht im Innersten, kein Wort gibt es für diese Findung!

Ein langer, einsamer Weg führt dorthin. Geschwisterseelen müssen sich vereint haben. Nur dieses vereinte Wesen kann auf diesen Wegen zur 21. Karte führen! Die Findung kann schon beim 1. Blatt der Weisheit geschehen, damit astrale Ausgeglichenheit möglich ist! Im Endeffekt müssen sich Bruder und Schwesternseele finden.

So ist es Gesetz!

Ende

8.

In diesem Licht wird gar der Teufel absolut rein, er folgt nur der Vorsehung, die auch ihn schuf. Im Buch der Weisheit ist es das 15. Blatt. Hier gilt es ihn zu erkennen, nebst seinen Gesetzen! Er benutzt „Soma" und „Maja". Hier spiegelt sich die schwarze Magie. Sie hat das Recht zum Bestand, denn all die, die dieses Buch lesen, kommen ins Wanken?

In einer Ebene, fern von jeder Vorstellung, gebiert die Schwesternseele ganze Kosmen, wenn es die Bruderseele will! Nicht länger will ich Verrat üben, daher schweige ich!

Genau hier ist das Gesetz der Hindus und Buddhisten, dass das wahre Leben im Verlöschen endet. Leider schauten sie in den Spiegel und halten es für reell. Sie spüren den Widersinn nicht. Oder drang noch niemand höher? Die Christen sagen: „Meines Vaters Haus hat viele Wohnungen." Dies ist schon besser, aber leider zu räumlich. Der Geist der ehemaligen „Menschen" ist ein riesiges Kraftfeld. Sein Bewusstsein, seine Macht, Weisheit und

Liebe, dienen der göttlichen Vorsehung. Sie schöpfen auf Befehl; mit der Macht des quabbalistischen – 10er – Schlüssels. Versucht gar nicht erst einen solchen Schöpfer zu erkennen, weil er ähnlich ist der Göttlichen Vorsehung.

Dies sage ich – An-ion – und in 1.000.000.000 Jahren ändert sich nichts!

Ende

9.

Der Mensch ist bis auf wenige Ausnahmen egoistisch. Er huldigt den Spiegel Maja. Wo wollte er sonst die eigene Schönheit erblicken? Er sammelt sogar noch Blendwerk um sich herum, um eine gute Fassade zu haben. Armer Mensch, woran willst du dich halten? Für dich hält das Schicksal etwas besonderes bereit. Den Spiegel deiner Betrachtung lässt er dir, sonst wärst du ganz entwurzelt. Aber deine Fassade wird dir genommen. Du betest zu Gott, doch dieser will ja gerade das, was passiert. Da du nicht gehört wirst, kommst du dir nackend vor. Nun stört dich der Spiegel ein erstes Mal. Glaub mir, deine Gebete werden gehört, aber nicht so, wie es dir wünschenwert erscheint.

Oder verlangst du Lüge von Gott?

Ende

10.

Du merkst, bergauf, bergab in diesen Zeilen, man kann auch sagen: Elektrisch und magnetisch. Dieser Rhythmus ist das Leben, wie wir es kennen. Bleib immer im Moment, dann reißt es dich nicht hinauf oder hinab. Hast du das Blatt 20 überschritten, baust du selbst Spiegel, mit Gut und Böse, mit Maja und Soma. So ist die Schöpfung, woran sogar du gebunden bist!

Hier ist nun einmal das Karmagesetz von einem anderen Punkt gesehen. Was der Mensch geerntet hat, das sät er. Wenn die Saat aber arm war, was soll dann man tun? Es wird immer schwächer, es sei denn, ein guter gibt von seiner Saat, erst dann wird der „Teufelskreis" durchbrochen. So gibt man sich selbst hin, um Ärgeres zu vermeiden! Uns wird nur gesät, was wir können. Arme Welt, wie grausam ist dein Herrscher, die meisten Menschen helfen nicht, ihrem „Vorbild" folgend. Es gibt Menschen ohne jegliche Chance, sogar sehr viele! Du lässt nur Knochen über. Nun, man nennt es Karma, wie auch immer.

11.

Wir müssen ein für alle Mal begreifen, dass alle Dämonen unantastbar rein in ihrer Negativität sind. Denn wer hat sie geschaffen? Die Zeilen, die gleich folgen, sind schmerzhaft aber wahr. Die meisten Gebete sind an den Teufel gerichtet! Da bittet man um eigene Gesundheit. Gott aber ist allwissend, mit wem redet man? Da ist das Gebet gegen die materielle Armut. Dann sogar das Gebet wegen der Erfolglosigkeit auf jeder Ebene. Gott ist Allweise, warum also Worte?

Es gibt nur eine Gebetsform zu Gott! Absolut Selbstlos, größte Demut, höchste Verehrung! Alles andere ist egoistisch, in hohem Maße dumm, weil wir kein Vertrauen haben. Das ist einfach kopflos, denn einerseits verbannen wir die Dämonen, andererseits ziehen wir sie an. Man sollte sich schon für eine Variante entscheiden, dann ist man wenigstens ehrlich!

Bindet euch und ihr werdet frei. Weiß ein jeder, woran er sich bindet? Bindest du dich an eigene Wünsche? So weißt du woraus der Bund besteht.

12.

Gehen wir noch mal auf das indische Nirwana ein, welches übersetzt „Verlöschen" heißt.

Mit Nichten ist es so, denn warum gibt es ein so genanntes „Para-Nirwana", welches „doppeltes Verlöschen" bedeutet. Hier liegt ein großer Irrtum, sowohl bei den Buddhisten als auch bei den Hinduisten.

Diese Wesen betreten die „Göttliche Ebene", durch ihre überaus hohe Entwicklung. Nur dass niemand mehr heraus kommt, bedeutet nicht, dass sie verloschen sind, vielmehr beginnen sie jetzt ein höchst schöpferisches Leben. Das Wort Nirwana steht also für die exoterischen Auffassungen, weil das normale Volk nicht so hoch denken kann. Aber die hermetischen dieses Kulturkreises schufen das Para-Nirwana, einen Widerspruch in sich, um die Niederen zunächst zum Denken anzuhalten!

Ende

13.

Die 15. Tarotkarte

Der Tod! – Der Teufel!

Was ich gleich schreibe, wird ihnen bitter wie Galle. Wie wir wissen, gehen wir nach unserem Tod in die Astralebene, behalten also in der Regel unser Bewusstsein. Aber was passiert bei der Reinkarnation? Der nicht so Entwickelte verliert hier das Bewusstsein und ist in der Tat – tot!

Auf dem Erdenplaneten wissen wir von Nichts mehr. Was bedeutet das für ein „normales" Bewusstsein? Es muss von ganz vorne beginnen, als Säugling!

Wahrheit ohne Spiegel, sagst mir, dass ich wirklich sterbe! Was soll die Rederei von Ewigkeit, wo ich doch immer wieder Neu bin, vergessen alles, weiß nicht wer oder was ich bin.

Spiegel, du belügst mich nicht! So ich das weiß, frage ich: Tod, wo ist dein Stachel? Weisheit treibt mich an, denn selbst in der Hermetik liegt ein wenig Täuschung. Das ist falsch gesagt, die Hermetik lässt vieles offen, dass ist wohl trefflicher! In naher Zukunft ändert dies die Vorsehung durch das Wort „LAM"! Aber zwei bis dreimal sterben wir noch!

Ende

14.

Krankheit ist Karma, so wird uns gesagt. Warum müssen die Brüder des Lichtes das „Gleichgewicht" herstellen? Kann Gott nicht selbst seine Dinge vollbringen? Wo ist Gott auf einer Kinderkrebsstation? Oder sonst wo Elend ist? Erklär den Eltern von Karma? Ist das die Herrschaft Gottes?

Man kann viel und lieb erzählen, solange man selbst nicht betroffen ist. Dann tut sich die Hölle auf. Man betet Tag und Nacht, aber ändert sich was? Wie Hohn schallt es zurück, die Kinder sterben! Ist uns das bewusst? Von höheren Aspekten mag alles gerecht sein. Nur im Moment leben die Menschen in unteren Aspekten. Wer freut sich über dieses Leid? Wer kann es verantworten?

Wie gut, dass es dich gibt!

Ende

15.

Krieg macht der Mensch, nicht Gott. Merkwürdig, wenn wir doch wie Marionetten sind, plötzlich haben wir Verantwortung!

Sag mir, was stimmt hier nicht? Wo kommt all die Grausamkeit her? Dein Sohn Joschua bat dich, sein Leid zu beenden; die Antwort steht heute noch aus. Sag, wer bist du? Prüfst du deine Liebsten, zeig Spiegel, was du hast. Die Seiten sind verkehrt und bleiben es auch immer. So muss man um Krankheit beten, um gesund zu werden, um Krieg, damit Frieden sei.

Hier setzt der Standpunkt der „schwarzen Magie" an. Sie drehen alles und denken die Wahrheit gefunden zu haben. Kann man es ihnen verdenken?

Ende

16.

Nun aber fort von diesen Schattenereignissen. Es pulsiert ein Leben, jenseits jeder Vernichtung, die Welt hinter dem Spiegel. Sie wurde nie geschaffen, wird in alle Ewigkeit bestehen. Es gibt bei den Indern Brahma-Tag und Brahma-Nacht. Die Gottheiten gehen dann in die Göttliche Ebene. Beginnt der Brahmatag, so kommen sie hervor, um neu zu schaffen. Das sind sehr lange Zeiten vom menschlichen Zeitpunkt. In der Göttlichen Ebene ist stark manifestiertes Akashalicht. Ich erwähnte schon, dass unsagbare Intelligenz von hier ausgeht. Ich muss noch einmal erwähnen, dass beim Handeln Licht entsteht, beim Nichthandeln Schatten! Meines Erachten ist hier das Gute und das Böse vom Urprinzip bis zur Erde erklärt. Vom Göttlichen gibt es kein Gut oder Böse, weil es handelt oder innehält. Beim Handeln werden tausend und abertausend Intelligenzen belebt. Beim Nichthandeln werden genau so viele Dämonen geschaffen. Alles wird auf dem Spiegel sichtbar.

Nun, da die Schöpfung noch nicht vollbracht ist, wird mein Gemüt (Geist) ein wenig ruhiger, um

Leute nicht ins wanken zu bringen. Gottes Wille ist unmessbar hoch, gegen den Meinen.

Aber ich bin Anion

Ende

17.

Weiter will ich ins gleißende Licht, es ist der Verstand, der Vorsehung Verstand! Hüte dich in die Kraftfelder der Gottheiten zu gekommen, du wärst verfangen. Ansonsten fühle mit dem Kopf und denke mit dem Herzen.

Ansonsten lebst du hier – in der Göttlichen Ebene – am intensivsten. Das Licht der Liebe spürst du, die Allmacht, die dich beschützt, Göttliche Weisheit hörst du in dir. Dein Bewusstsein ist so groß und weit, dass es niemand mehr überblicken kann. Du erkennst ihn jetzt wirklich oder nur zum „Teil". Er lässt dich nie vergehen, du bleibst sein Kind und so behandelt er dich auch. Seine Weisheit ist so groß, dass du an Jahren gemessen 1.000.000 x 1.000.000 Jahre brauchst, um diese Ebene über . . . hier versagen wieder alle Worte. Denkt euch in die Dinge hinein, um meine Worte zu begreifen.

Ende

18.

Die Formel ZASCH wird immer lauter, so auch die abstrakte Idee – die Tugend verwirklicht sich im reinsten Licht – dies aber durchaus stofflich. Die Akashaschwingung dieser Erde wird stärker. Nun trennt sich die Spreu vom Weizen in einer dritten Weltkatastrophe. Aber noch ist Zeit.

Versuche dir selbst zu vertrauen. Fürchte dich nicht, wenn du rechtschaffen bist! Vor was solltest du dich überhaupt fürchten? Am End bist du ein Juwel, ein eigener Stern!

Ende

19.

Es wird eine neue Welt geben, in der Natur nebst Kultur eine bessere Harmonie haben. Ich darf das Wesen nicht beim Namen nennen, aber es wird einen Zehnerschlüssel quabbalistisch aussprechen, um der Erde eine andere Qualität nebst etwas Quantität in neuer Form geben. Es ist das „AdetoschimuA". Diese Formel wird euch nicht geben, weil wir nicht fähig sind, den 10er Schlüssel überhaupt zu begreifen.

So haltet euch an einem Licht, wenn die Welt sehr viele Schatten hat!

Ende

20.

Der Gaukler auf dem Spiegel zeigt dir nur stets, was du schon selbst gespielt hast. Das geht so vom Leben bis zum Tod, vom Tod bis zum „Leben" usw. Tausende Male, hier grausam, dort ein wenig besser. Bis dann der Mensch kein Narr mehr ist. Dann gibt es einen großen Kampf, ja Krieg sogar. Schnell gibt der König nicht auf. Er will Macht über dich und wehe es kommt ein Gegenzug. Hundert seiner Krieger versuchen dich zu hindern. Jeden einzelnen musst du besiegen. Und hast du hundert besiegt, dann schickt er tausend.

Das Innere eines solchen Menschen ist ein Schlachtfeld. Doch irgendwann wirst du siegen. Dann ist der Spiegel nur Betätigungsfeld, wenn du es willst. Aber Vorsicht, die Soldaten dürfen dich zwar nicht angreifen, aber sie suchen Menschen aus nahem Umfeld aus, um dir zu Schaden. Außerdem gehört der stoffliche Körper dem König. Grausam geht er damit um, wenn nahe Menschen nicht Schaden konnten!

Würde er nur das Seine nehmen, wär das schon gut.

Aber der König dieses Landes ist ein vorzüglicher Folterer. Er quält dich und wehe du hast deinen Körper noch nicht unter Geisteswille. Hast du das aber geschafft, so lächelst du bei jedem Peitschenhieb!

Ende

21.

Es mag die Frage aufkommen, woher weiß dieser alles so genau. So will ich meine Lehrer benennen, die da sind:

- Persönliche Gottheit
- Karma
- Mein Schutzgeist
- Wesen aus allen Elementen
- Mehr als 10 Genien der Erdgürtelzone
- Ebenso viele aus der Mondzone
- 11 Genien vom Merkur
- Mein Blick in das Absolute usw.

Leider kann ich nicht alles sagen, es wäre auch zu viel. Letztlich wird jeder die kosmischen Kräfte einmal kennenlernen, Gesetze, die jenseits der Vorstellungskraft aller sind. Das sind die Quellen meines Bewusstseins. Hieraus schöpfe ich Wissen, Dinge, die nicht alltäglich sind. Eben so viel ich darf. Die Astralebene hat Gebiete, wo alles was war, ist und sein wird. Es sind Symbole, ähnlich wie in einem Traum, der richtig entschlüsselt werden muss. Da helfen dann Genien und anderes.

Mein Ur-Sein liegt seit jeher in Anion und dessen Gesetze.

Ende

22.

Wenn all die Dinge geschehen, wird sich der Mensch verfeinern, aber auch die Erde. Edlere Gedanken – Edlere Dinge, das ist ein kosmisches Gesetz! Der Mensch wird zum wahren Athanor – zum alchemistischen Ofen, wo der „Stein der Weisen" bereitet wird! Die Elemente der stofflichen Welt werden transparenter, vergeistigen sich etwas. Das bedeutet, dass z. B. Nixen sichtbar werden, wie die Wesen der übrigen drei Elemente. Was die Kirchen betrifft, habe ich schlechte Nachrichten. Sie werden einst nur noch Museen sein. Das Christentum und der Islam sterben aus, weil sie zu fundamentalistisch, zu verbohrt sind. Stirbt aber das Christentum z. B., stirbt Christus nicht. Nach dem „Krieg" wird auf kurz oder lang die Hermetik eine Weltreligion. Der Mensch wird reifen und feiner werden und die Hermetik hat platz für übrige Religionen.

Aus der Hölle wird das Fegefeuer, endlich. Ich bemerkte ja schon, dass die Schöpfung noch nicht vollbracht ist! Was sollte sonst das Wort „Evolution" (Entwicklung) bedeuten? Die Vorsehung schafft nur Vollkommenes, auf dem Weg dort hin sind wir! Also sieht man an den gesagten Dingen, wie wahr doch alles ist!

Ende

23.

Ist das Leben gut, so ist es auch mit dem Glaube gut. Wird das Leben schlechter, so wird der Glaube schlechter. Ereignet sich etwas gegen unsere Auffassung, so verlieren wir den Glauben. So ist es beim Alltagsmenschen.

Unser Glaube muss anders sein! Wir kennen die Geschichte Abrahams, der so stark glaubte, dass er seinen Sohn geopfert hätte. Die Geschichte von Hiob, der trotz aller Schmach an Körper und Seele nicht vom Glaube abgewichen war.

Wie weit geht unser Glaube? Was muss Gott uns nehmen, bis unser Glaube erlischt? Erst an den „Rand" gedrückt, können wir wissen, wie wir reagieren. Bricht nicht der Glaube hie und da ein? Glaube ist Akasha, es ist am wenigsten greifbar.

Ist eine Situation, wo der Glaube geprüft wird, vorhersehbar?

Nein, denn meist vergiften wir unseren Magnetismus, besser gesagt die Lebenskraft mit

Zweifel und helfen förmlich das „Unliebsame" sich zu bestätigen!

Wo ist der Glaube beim Hermetiker?

Er lässt nie von Gott, selbst wenn anscheinend Gott uns verließe. In der Lebenskraft wird er gehalten, so ist man selbst nie allein. Egal was kommt, egal was man gerade macht. Er steht über alles zu jeder Zeit! Ist dem nicht so, darf man sich nicht Hermetiker nennen! Vom hermetischen Standpunkt müssen wir den Glaubensaspekt immer gegenwärtig in uns tragen, jede Situation wird mit ihm gemessen. Wir selbst sind der Glaube. So muss es sein, im Guten wie im Schlechten. Jeder wird geprüft! Die Flamme des Zweifels und Verwirrung meidet jeder Weise! Glaubst du, dein Glaube wird gebeugt, wenn dein Körper gebeugt wird? Ich war an dem unendlichen Abgrund. Auch heute begebe ich mich an jene Tiefen, weil man dann das Beste erkennt!

Ende

24.

Nun habe ich Höhen und Tiefen gezeigt, vermutlich würde man mich Lügner nennen, wenn nicht schon jeder einmal betroffen wäre. Nun wird Kopf und Herz zerrissen, wen die Kraft der Wahrheit trifft, weil sie durch Weisheit ausgesucht ist. Hier kneift es, dort geht etwas nicht.

Vom höheren Standpunkt stehen der Durchschnittsmensch und der strauchelnde Hermetiker lächerlich da, also als Narren. Ein wenig karg für einen zehn jahrelang übenden Hermetiker, unwürdig über seinen Unglauben gestolpert, nicht das Aufstehen vergessen. Wir fallen oft, aber stehen wir immer wieder auf? Langsam und einsam ist unser Weg. Nur wenige kommen zurück auf die Beine, es ist schwer! Das schlimmste ist ein „ehemaliger Hermetiker". Er spürt die Schuld bei sich, niemals kommt so ein Mensch zu Frieden. Und dennoch kann ihm keiner helfen, so ist das Gesetz! Er spürt schon jetzt den „Astralrichter", welch ein unglücklicher Mensch!

Ende

25.

Der Effekt des Teufelskreises

Wenn wir kräftig eine große Glocke bewegen, so hören wir ein Bim, als Folge Bam. So zeigte es die Natur der Sache.

Wir können diese Glocke auf alles beziehen. Könnten wir nur das „Bam", also die Folge aufhalten, wäre das unser Ziel. Leider geht das nicht. Will man eine Änderung, dürfen wir nicht mehr läuten. Das bedeutet aber, drei Dinge nicht mehr zu tun.

Erstens am Glockenseil nicht mehr zu ziehen. Das wäre noch erträglich. Aber wo bleibt das geliebte „Bim". Es tritt also ein Schmerz hervor, weil wir das sogenannte Glück nicht mehr empfinden. Da fehlt jetzt etwas, das wir nicht vermissen möchten. Also wird wieder am Seil gezogen, mit dem unliebsamen „Bam" wird man schon fertig, Hauptsache der Effekt des „Bim" ist wieder da, welcher beim Anschlag etwas Schönes zu hören bringt. Das „Bam" aber macht im Endeffekt alles wieder zu Nichte.

So ist es „Wohl", denn der Mensch ist wieder im Teufeskreis!

Ende

26.

Der Fluch der Magie

Unser Meister hat uns deutliche, einfache Unterweisungen gegeben. Aber was ist mit dem „sogenannten Fortschritt"?

Nichts!

Da ist der Schüler, der seid 15 Jahren noch die erste Stufe übt. Da ist der Schüler, der nach 25 Jahren noch bei Stufe drei ist! Wo sind die, welche nach Jahren aufgaben?

Wie kann man so grausam sein? Ihr wisst, von wem ich spreche. Du „Bock" überlebst mich irdisch, aber nicht Ewiglich!

Passt euch aller Versteinerung, Verhärtung des Weges an. Zerschlagt die Beschränktheit und beginnt die Übungen spielerisch zu nehmen. Als wenn ihr Kinder seid, begebt ihr euch z. B. in die Imagination, die beim Kind automatisch geht! Dann vergesst allen Zweifel, denn damit setzt ihr eurer

Entwicklung selbst ein Ende. Ihr wisst, was ich in Bezug zur Lebenskraft im Buch „Aus der Praxis für die Praxis" sagte! Zerschlagt auch ihr eure Blendung. Oder wollt ihr ewig Buch „Eins" studieren?

Sprüche Salomos 3.11:

„Mein Sohn, verwirf die Zucht des Herrn nicht und sei nicht ungeduldig, wenn er dich zurechtweist; denn wen der Herr liebt, den weist er zurecht, und hat doch Wohlgefallen an ihm wie ein Vater am Sohn!"

Was glaubt ihr, wird er euch nicht prüfen? Gerade beim Hermetiker läuft das Karma mehr als doppelt so schnell. Von daher schon kein einfacher Weg!

Ende

27.

Reden ist Silber – Schweigen ist Gold

Um wie vieles mehr herrscht beim Hermetiker dieses große Gesetz. Wollen wir plappern oder öde sitzen? Die Weisheit macht nur wenig Worte, die nicht mehr erörtert werden. Die Macht herrscht, das Gefühl spürt, das Schweigen ruht. Nun sagt, was gibt es zu fragen? Dinge, die ihr nicht kennt, werden auch in Worten nicht schlüssig: Alles zusammen bringt Frucht, das Gefühl und die Macht werden Weisheit. Das Bewusstsein, Erde, hält sie fest. Alles sonst ist null und nichtig, weil ein Element, somit der Bezug fehlt.

Achtet diese Worte, sie sind ein kosmisches Gesetz!

Ende

28.

Gott J.H.V.H.

Wenn du ihn liebst, lieferst du dich bedingungslos aus. Jede Tat wird ihm gewidmet, ob „gut" oder „bös". Dein Gewissen sagt dir schon Recht! Wenn du ihn für dich gewinnst, hast du alles gewonnen. Seine Allmacht und du bist unbesiegbar. Die All-Liebe lässt dich alles lieben, aber jeder mag auch dich, wenn er nicht gottlos ist! Seine Weisheit lässt dich Dinge wissen, die niemand dir geben kann! Die Allgegenwart stärkt dein Bewusstsein zum Höchstmaß.

Deswegen ist das Beisammensein süßer als Honig. Alle Angst muss weichen. Sag, wen müsstest du noch fürchten, außer Ihm!

Der Zustand lässt sich mit dem hellem Schweigen beschreiben, in der dich die Demut ergreift. Er nimmt Besitz von deinem Innersten, welches auch er ist. Dies ist das Gesetz der vierfachen „Entzückung".

29.

Der alte König Salomon sagte uns – Sprüche 3.27 „Weigere dich nicht, dem Bedürftigen Gutes zu tun, wenn deine Hand es vermag. Sprich nicht zu deinem Nächsten: Geh hin und komme wieder; morgen will ich dir geben –, wenn du es doch hast!"

Dies ist nicht nur materiell gemeint. Auch geistig kann man hungern, wenn da jemand wissend ist, so ist er gar verpflichtet, zu helfen. Es darf dann die Zeit nicht drängen, bis der Hunger gestillt ist! Wir müssen noch besseres auf allen Ebenen tun. Den Geist versorgen wir mit Weisheit, die Seele mit Trost oder Anlehnung. Den Körper versorgen wir mit Geld oder Essen. Das alles sind wir uns schuldig, aber den weitaus größten Ausgleich finden wir im Karmabereich. Karma stellt dir fast jeden Tag diesbezüglich eine Prüfung in den Weg.

Ich sättige Geist und Seele, mehr kann ich nicht, weil die stoffliche Welt nichts für mich hat. Es ist doch gut, wenn ich Geist und Seele sättige, weil kein Mensch, sei er noch so reich, dies kann!

Wir müssen erkennen, dass nichts Materielles uns überhaupt gehört, wir verwalten es nur. Denn in der Astralebene können wir – nichts – mitnehmen. Das letzte Hemd hat in der Tat keine Taschen. Besser ist es bei seelischen und geistigen Dingen. Da können wir einen ganzen „Tempel" mitnehmen!

Wenn eines Tages ein reicher Mensch das liest, so ist er nicht verurteilt, alles abzugeben, vielleicht helfen kleine Dinge oder Beträge, ansonsten steht er in der Pflicht, wenn er gebeten wird, auch geistig und seelisch zu helfen.

So ist es Gesetz!

Ende

30.

Seit je her floss Blut auf dieser Ebene. Man könnte einen großen See damit füllen. Aber dieses Blut, besonders von „hohen Wesen", ist nie vergangen. Es ändert die Materie. Warum das so ist? Das Karma findet jeden Menschen, wenn einer denkt, er könne sich verstecken, unterliegt er einen furchtbaren Fehler! Ariane sagt, das so ~~~ tibetanische Mentalität, und so ∧∨∧ europäische Mentalität ist. Der Mensch, der nach Tibet kommt, fühlt sich zu erst erleichtert. Doch langsam merkt er, dass er schlecht geeignet ist. Besteht noch der Grund der Weltenflucht, dem mag das Schicksal gnädig sein. Er verlässt bewusst das Land, welches ihn am besten fördert. Das ist regelrecht strafbar, die Kirche würde es als Sünde sehen!

Wie auch immer, irgendwann „stellt" dich das Schicksal, dann möchte ich nicht in deiner Haut stecken! Denn Feigheit wird bestraft! Das ist Gesetz!

Ende

31.

Das Leben der Gottheiten kann nur ohne Maja sein. Der Spiegel, der uns alles zeigt, muss durchbrochen sein. Der Deckmantel von Allem muss gefallen sein. Wenn du Gott als einziges vermutest, liegst du falsch. Wenn du das „Paradies" suchst, legst du die Messplatte zu niedrig an. Wie soll ich, wie schon gesagt, Unbeschreibliches beschreiben?

Stell dir kein menschliches Aussehen vor. Vielmehr als tausend Farben, die glitzernd hin und her schweben, unendlich ausgebreitet und überintelligent allmächtig herrschend. Allein vom Förmlichen bist du klein. Die Weisheit erzeugt ein helles Königsblau, unendliche Höhe. Die All-Liebe ist eingebunden, wie Abermilliarden Smaragde hier und überall, sie geht durch die Allmacht, verfärbt sie, das Blau wird zum Lila. Das Bewusstsein ist glitzernd schwarz, allgegenwärtig, über ihn ziehen sich alle Farben. Das Ganze sieht wundervoll-schrecklich aus.

Das feinste Prinzip bestimmt, wo der Geist Gottes die Farben feiner oder satter hat. Du kannst es nicht lange anschauen, dann verlierst du das Bewusstsein. Es ist nicht möglich, sich daran zu gewöhnen. Wer ihm nahe kommt, sieht weißes Licht, das ist seine Ausstrahlung. Ich habe jetzt kein Bild beschrieben, sondern einen Zustand nahe gebracht. Die Intelligenz ist nicht beschreibbar, weil reine Weisheit ausgeht. Ich beschmutze das Wesen nicht länger und schweige!

Du denkst, du hast ihn gesehen? Es war nur ein Haar auf seinem Haupte! Es hatte mich gestreift!

Die Seele ist verzückt, der Körper nicht mehr empfindbar!

Ende

32.

Glaubst du, als Mensch da zu bestehen? In der Ganzheit nicht, wenigstens entkörpert muss man sein, um irgendwo in ihm Bestand zu haben. Wenn ich sagte, ein Haar streifte mich, so war es unabsichtlich, denn es ist das große Alles, wo selbst Götter die wir kennen, auf die Knie fallen.

Vom persönlichen Gott zum Universellen.

Immer Lichter schreibe ich, war das Buch am Anfang noch finster. Die Erde nebst allen Planeten werden mit der Zeit, wie jetzt die Astralebene ist. Das Leben wird auf sechs bis acht Jahrhunderte ansteigen. So wie am Anfang der Schöpfung. Man stirbt dann auch nicht mehr, sondern verlässt seinen Körper; bei der Reinkarnation verlieren wir nicht mehr das Bewusstsein. Es gibt aber dennoch keine Überbevölkerung. Alle Elemente werden von Akasha gelenkt, beim Mensch und in der Natur. Es gibt keine Großstädte mehr. Eigentlich ist es wie jetzt in der Astralebene.

Danach gibt es eine andere Menschenrasse, aber

was interessiert es uns?

                          Ende

33.

O Mensch, du bist so ungeduldig, aber gut Ding braucht Weile. Diesem Gesetz folgt selbst die Vorsehung, denn sie hat es gemacht. Schwester und Bruder, wir bestehen hier nur Sekunden in der Ewigkeit. Woran krallst du dich? Überlasse vieles dem, der dich erschuf, so wird die Lebenssekunde erträglicher.

Sei immer im Moment, dann kannst du nicht zurückfallen, weil die Gegenwart auch die Zukunft ist! Fällst du zurück, blendet dich gleich Maja, weil das ihre Aufgabe ist. Fehlt dir also die Orientierung, weißt du, wo du stehst. Oft gibt man es sich selbst nicht zu. Zerfahrenheit herrscht in deiner Seele. Zucht nebst Ordnung werden vernachlässigt!

Ende

34.

Nun langsam beginnt die Dämmerung. Ich habe euch durch einen Tag mitgeführt. Erkenntnisse und Ent-Täuschung mitgenommen. Nur diesen einen Tag will ich schreiben, weil der morgige Tag anderes beeinflusst. Bis auf einige Grundsätze wiederholt sich meine Welt, um reichlich Lehre in meinem Ewigen Teil zu bekommen. Meine Nächte schreib ich nicht, wenn sie auch spannungsgeladener sein dürften. Aber lasst mich nachts ruhen, denn Gefläuch und Geflatter stört mich schon, werde einfach in eine höhere Sphäre wandern.

ANION

Weitere Bücher aus dem Christof Uiberreiter Verlag:

Das goldene Blatt der Weisheit
Seila Orienta/Franz Bardon

Zum ersten Mal in der okkulten Literatur wird die 4. Tarotkarte des Hermes Trismegistos verständlich beschrieben und offengelegt. Sie beinhaltet unbekannte Konzentrations- und Meditationsübungen. Des Weiteren gibt sie Hinweise und erklärt die Unterschiede zwischen Magie und Mystik und Gefahren des einseitigen Weges. Am Ende steht die Verbindung mit der universellen Gottheit, dem Herrn der Sonnensphäre, welcher quabbalistisch „Metatron" genannt wird.

*

5. Tarotkarte – Mysterien des Steins der Weisen
Seila Orienta/Franz Bardon

Dieses Buch stellt die Vorderseite der Alchemie dar, die die einzelnen praktischen Übungsschritte erklärt, ohne die verschlüsselten Mystifikationen der alten Alchemisten auch nur annähernd zu erwähnen, wie man es aus den anderen Büchern des Franz Bardon kennt. Es wird erklärt, dass ohne vollkommene Beherrschung der 4 Elemente keine Alchemie möglich ist. Des Weiteren wird mit den einzelnen Ebenen, mit den Matrizen, dem elektromagnetischen Fluid usw. gearbeitet. Doch den Hauptpunkt stellen die göttlichen Eigenschaften wie z. B. die Allmacht dar, mit denen der Göttliche Stein der Weisen durch gewisse Übungen geladen wird.

*

Talismanologie und Mantramkunde
Seila Orienta/Franz Bardon

Zum ersten Mal werden hier (magisch) geladene Mantrams – Gebetssätze – preisgegeben, welche bei nötiger Reife, Ausgeglichenheit und Reinheit durchdringende Erfolge versprechen. Mantrams sind ja nach Bardon nicht irgendwelche „Suggestionssätze", sondern sie sind Ideenausdrücke, mit denen man mit Mächten, Kräften, Eigenschaften, also Gottheiten, in Verbindung kommen kann. Gleichzeitig werden die dazugehörigen Siegelzeichen der göttlichen Ideen preisgegeben, welche im rituellen

Zusammenhang mit den Mantrams stehen. Ein Buch, das nicht nur die Hermetiker, sondern auch die Anhänger der Yogawissenschaften inspirieren wird!

*

Eine Sammlung der schönsten und lehrreichsten Beschwörungsgeschichten
Hohenstätten

Dieses Buch ist einzigartig, denn es zeigt den zweiten Band von Franz Bardon an Hand von interessanten Evokationsberichten, die genau das bestätigen, was Bardon in seinem Buch geschrieben hat, und noch darüber hinaus. Es werden sensationelle Erlebnisse geschildert, die man sonst niemals findet. Auch aus unveröffentlichten Schriften wird zitiert.

*

Verkörperungen des Meister Arion
Hohenstätten

Man wird beim Lesen dieses Buches nicht glauben, wie viele bekannte und unbekannte Inkarnationen Franz Bardon hatte. Die paar, die im „Frabato" bekannt gegeben wurden, stellen nur einen geringen Teil seiner Verkörperungen dar. Wir mussten, da es dermaßen wenig Literatur über die Verkörperungen gab, wieder Hunderte und Aberhunderte von Büchern, Aufsätzen, Zeitschriften und Artikeln durcharbeiten, bis wir genügend Material für dieses Buch hatten. Aber der Leser wird sich beim Lesen sicherlich über unsere Arbeit freuen, denn sie wird ihn in Erstaunen versetzen!

*

Shamballa, der goldene Tempel des Lichts
Hohenstätten

Dieser Tempel dürfte jeden Leser von Bardons Roman „Frabato" fasziniert haben. Dass es aber in der okkulten Literatur noch viel mehr Informationen darüber gibt, die man aber nur findet, wenn man alles Veröffentlichte gelesen hat, dürfte dem einen oder anderen unbekannt sein. Es wurden wieder ganze Stöße von Büchern durchgesehen und das Ergebnis wird hier veröffentlicht. Es wird aber gleichzeitig darauf hingewiesen, wie viel Schundliteratur es darüber gibt, wie viel Lügen im Umlauf sind, damit sich der Schüler der Hermetik ein klares Bild machen kann. Wir bringen in diesem Buch alles, was wir an Material darüber gefunden haben, und es wird auch noch einiges aus der eigenen Erfahrung, was das Wertvollste ist, mitgeteilt. Nicht nur über den Tempel wird berichtet, sondern auch über die damit verbundene „Bruderschaft des Lichts", deren Sitz er darstellt.

*

Auf der Suche nach Meister Arion
Hohenstätten

Diese Autobiographie eines Schülers der Hermetik des Franz Bardon schildert sein magisches Leben, in welchem zahlreiche Erfahrungen zu den Übungen aus dem Adepten geschildert werden, die die Hauptperson selbst erlebt hat. Es wird der schwere Weg des Adepten aus autobiographischer Sicht gezeigt, seine vielen Tiefschläge, aber auch seine glanzvollen Seiten und Zeiten. Der harte Kampf mit dem Seelenspiegel wird bis in alle Einzelheiten aufgezeigt, genauso wie die vielen anderen Wege, in welche der Autor reinschnupperte, um dadurch reichlich Erfahrung sammeln zu können. Darüber hinaus enthält es unzählige Erfahrungen und Berichte betreffs Mantramistik nach Bardon, die wahre Runenmagie, zahlreiche Evokationen sowie Invokationen mit seinem Lehrer Anion, einen magischen Exorzismus, wie er bisher noch nie öffentlich geschildert wurde. Mentalreisen, Beeinflussungen, Übungen zur Gottverbundenheit, Erscheinungen, Alchemie, Heilungen mit den verschiedensten magischen Methoden z. B. Quabbalah oder durch die Elemente, Schutzgeistevokationen und viele andere magische „Wunder" seines Freundes und Lehrers Anion. Auch einige magische Fotos in Farbe, ein bisher von Bardon unveröffentlichtes Akashafoto von Christus und ein Bild des schwebenden Meister Arion werden in diesem Buch preisgegeben. Der Inhalt ist viel reichlicher, als hier kurz beschrieben werden kann.

*

Magisches Gleichgewicht
Hohenstätten

Dieses Buch zeigt eindeutig, dass in allen anderen Systemen das „Gleichgewicht" genauso gebraucht wird, wie bei Bardons Werken. Er war nicht der Einzige, der das erwähnte, aber er war der erste, der es deutlich erklärte, denn die anderen Systeme sprachen nur durch das Symbol, welches nicht jedem Leser verständlich war. Obendrein bringen wir noch Unveröffentlichtes vom Meister Arion zu dieser Grundlage der magischen

Entwicklung.

*

Das Leben und die Erfahrungen eines wahren Hermetikers
Seila Orienta

Diese Autobiographie eines Magiers ist unübertroffen, denn bis jetzt hat kein einziger okkult Geschulter so offen und ehrlich gesprochen wie Seila Orienta. Er gibt in diesem Werk sein Leben bekannt, sowie seine zahlreichen und äußerst interessanten Erlebnisse und Erfahrungen. Es werden auch zum ersten Mal Fotos von Wesen der Sphären gezeigt, welche Franz Bardon höchstpersönlich in den 1920ern gemacht hat. Des Weiteren schreibt Seila Orienta über die Sphären, über Dämonen, Logenkontakte und vieles, vieles mehr, was einem ehrlich strebenden Hermetiker das Herz übergehen lassen wird.

*

Das Leben des Franz Bardon
Hohenstätten

Dieses Buch beschreibt das Leben des Meisters außerhalb des Frabatos, welches seine Sekretärin – Otti V. – geschrieben hat. Es beinhaltet Erklärungen zu seiner „Biografie", weitere Einzelheiten über den Kampf mit der FOGC, seine Beziehung zu Wilhelm Quintscher und anderen Okkultisten, was alles bisher unbekannt war! Des Weiteren werden viele Erlebnisse seiner Schüler in Prag erzählt, verschiedene magische Leistungen und interessante Geschichten Bardons beschrieben, die bis dato unveröffentlicht sind. Es werden auch seine drei Lehrwerke und deren Wirkung auf die Öffentlichkeit von einem anderen, unbekannten Standpunkt geschildert, welcher durch bisher schwer zugängliche Schriften unterstützt wird. Als Krönung wird seine aus dem Tschechischen übersetzte „Runenschrift" zum ersten Mal veröffentlicht. Auch einige Seiten aus anderen unveröffentlichten Schriften von ihm sowie interessante Fotos des Meister Bardon und seiner Freunde werden hier preisgegeben und vieles, vieles mehr.

*

In Verbindung mit der Gottheit
Hohenstätten

Über das Thema der Gottverbundenheit mit all seinen Formen und

Methoden wurde bis heute noch nie ein Buch verfasst, geschweige denn eine Schrift geschrieben. Man findet in der okkulten wie in der östlichen Literatur nur spärliche Hinweise, die größtenteils verschlüsselt sind oder so geschrieben wurden, dass man sie kaum versteht. Im Gegensatz dazu wird in diesem Buch offen dargelegt, dass das 1. kleine Arkanum der 78 Tarotkarten die Gottverbundenheit in ihrer Reinform darstellt.

*

Hermetische Heilmethoden
Hohenstätten

Dieses Buch stellt in der okkulten Literatur ein absolutes Unikum dar, denn über die Gesamtheit der okkulten Heilmethoden wurde bis jetzt noch NIE etwas Sinnvolles geschrieben. Es werden alle Heilmethoden erwähnt, die der hermetische Schüler mit Hilfe seiner bisher erlangten Konzentrationsfähigkeit ausüben und verwenden kann.

*

Erste hermetische Zeitschrift

„Der hermetische Bund teilt mit" ist eine der wenigen magisch-mystischen Zeitschriften, welche sich soweit als möglich auf die universelle Lehre von Franz Bardon bezieht. Sie versucht sich an die Gesetze des 4-poligen Magneten zu halten und vermittelt Wissen sowie Hinweise für die Praxis, damit der Leser die Möglichkeit hat, sie in seinen hermetischen Weg aufzunehmen und für sich gewinnbringend zu verarbeiten.

Noch viel mehr hermetische Literatur finden Sie auf unserer Website: http://www.hermetischer-bund.com.

Viel Vergnügen beim Stöbern!

Der Verlag